Inhalt

AF202590

Vielseitige Städtetrips

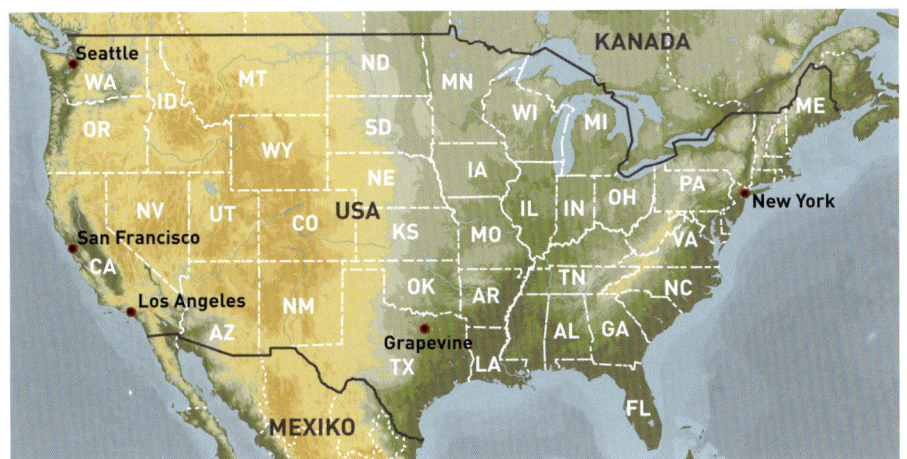

Impressum

360° NordAmerika – Special 4/2024 USA Städtetrips

Verlag: 360° medien | Nachtigallenweg 1 | 40822 Mettmann |
Tel.: +49 2104 5063-100 | E-Mail: info@360grad-medien.de |
redaktion@360grad-medien.de | www.360grad-travel.club
ISBN: 978-3-96855-584-3, **Preis:** 4,50 €
Bildnachweise: Adobe Stock | SvetlanaSF S. 1; Adobe Stock | V&B-

Photography S. 3; Alabastro Photography S. 7o, 7u; Christian Dose
S. 4u, 5; Edge S. 4o. Grapevine CVB S. 10, 11o, 11mi; Jan de Jonge
S. 8u., 9; Kate Russell | Meow Wolf S. 11u re; Unsplash S. 8; Travel
Texas S. 11u; Visit California | Bongo S. 12, 13o, 14; Visit California /
Carol Highsmith S. 13u; Visit Seattle S. 6, 7mi

New York

Fünf Empfehlungen jenseits der Hotspots

Autor: Christian Dose

Adrenalinkick und Panoramablick beim CityClimb

Der Big Apple ist mehr als Times Square, Central Park und Empire State Building. Die „Stadt, die angeblich niemals schläft", ist ein großer multikultureller Kosmos, der neben Manhattan noch vier weitere Bezirke umfasst. Hier können Reisende viel entdecken und erleben. Kein Wunder, dass allein elf Millionen internationale Besucher hierher strömten. Buchautor und Journalist Christian Dose kennt New York seit mehr als 25 Jahren – und verrät hier fünf Empfehlungen für Ausflüge abseits der ausgetretenen Pfade.

1. New York von oben: Klettern am Wolkenkratzer

Ob Rockefeller Center, Summit oder One World Trade Center – die Metropole ist reich mit Aussichtsplattformen gesegnet, die Besuchern einen unvergesslichen Blick auf die Stadt offerieren. Und weitere sind schon in der Mache. Wer ein ganz besonderes Panorama genießen möchte und für einen Adrenalinkick zu haben ist, der wagt den sogenannten City Climb: Vom Klettersteig in gut 350 Metern eröffnet sich dem Besucher eine grandiose unverbaute Aussicht. Das Abenteuer mit einer

Treppe – 162 Schritte im 45-Grad-Winkel gen Himmel – lässt sich am Wolkenkratzer Hudson Yards 30 erleben. Startpunkt ist die bekannte Aussichtsplattform The Edge.

2. Ruhige Oase: Governors Island

Nur Minuten vom pulsierenden Financial District – beispielsweise mit Wall Street und dem 9/11 Memorial – entfernt, finden Urlauber eine entspannende Oase mit Traumblick: Governors Island zwischen der Südspitze Manhattans und Brooklyn ist mit der Fähre bequem erreichbar. Die kleine Insel überzeugt mit ihrem Traumblick auf Lady Liberty sowie Manhattan und Jersey City. Auf den weiten Wiesen lässt sich herrlich vom pulsierenden Leben der Millionenstadt abschalten. Seit neuestem besteht sogar die Möglichkeit, sich in einem Pool (gegen Eintritt) abzukühlen. Aktive Besucher leihen sich ein Kajak oder Fahrrad. Und wer das Besondere sucht, übernachtet in einem der komfortablen Zelte von Collective Retreats: Glamping mit Panoramaaussicht.

Relaxen in der Großstadt

3. Brooklyn jenseits der Brücke

Der Spaziergang über die markante Brooklyn Bridge zählt wohl zum Standardprogramm eines jeden New York-Besuchers. Aber auch ein Streifzug durch den Bezirk lohnt sich – hier fühlt sich die Millionenstadt plötzlich familiär-kleinstädtisch an.

Gemütliche Nebenstraßen in Brooklyn

Gerade Brooklyn Heights ist ein herausragendes Beispiel dafür. Und einen Panoramablick über den East River und die Brooklyn Bridge gibt's obendrein. Alternativ: Als neues aufstrebendes In-Viertel präsentiert sich Greenpoint mit dem WNYC Transmitter Park am East River als idealer Schlusspunkt eines Stadtbummels.

4. Mit dem „International Express" nach China Town in Queens

Manhattans China Town möchten viele Reisende nicht missen. Doch wesentlich authentischer präsentieren sich die chinesischen Viertel rund um die gleichnamige Subway-Station in Queens. Hier fühlt man sich eher in China als in den Vereinigten Staaten. Und das schöne daran: Die Subway-Linie 7, die hierher führt, gilt als „International Express": Auf dem Weg von Manhattan bis nach China Town werden

Chinesische Küche auf wirklich traditionelle Art genießen Besucher in Queens.

auch Little India sowie die Viertel der Iren und der Lateinamerikaner passiert – Queens mit seinen Menschen aus mehr als 100 Ländern ist einfach Multikulti.

5. Der schönste Platz zum Sonnenuntergang?

Der wohl beste Platz für ein abendliches Foto der Skyline liegt nicht in New York – sondern im benachbarten New Jersey. Der Exchange Place und Hudson River Waterfront Walkway bieten sich für einen unvergesslichen Abend an, ein Drink in einer Rooftopbar inklusive. Das berühmte One World Trade Center und der Brookfield Place (ehemals World Financial Center) erstrahlen im warmen

Der Exchange Place ist der vielleicht schönste Platz, um Manhattan im Licht der untergehenden Sonne zu bestaunen.

Abendlicht – die sogenannte Goldene Stunde der Fotografen macht hier ihrem Namen alle Ehre. Die kurze Fahrt mit der Fähre über den Hudson River rundet den Ausflug perfekt ab.

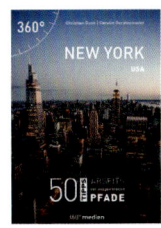
USA – New York: 50 Tipps abseits der ausgetretenen Pfade
Christian Dose, Carolin Gerstenmaier
360° medien, 1. Auflage 2022
Taschenbuch, 288 Seiten
Preis: 16,95 EUR
ISBN: 978-3-96855-003-9

Seattle. Smaragd am Pazifik

Von der Space Needle in die hippen Neighborhoods

Die Skyline von Seattle mit dem Mount Rainier im Hintergrund

Seattle, die „Emerald City", gehört zu den faszinierendsten Städten der USA. Malerisch ganz im Nordwesten zwischen der Meerenge Puget Sound und dem gletscherbedeckten Kaskadengebirge gelegen, ist die Stadt vielfältig und schön. Die hippe Metropole ist Heimat von Starbucks, Microsoft, Boeing und Amazon, von Musiklegenden wie Jimi Hendrix und Kurt Cobain sowie von über 700.000 Einwohnern. Die 184 Meter hohe Space Needle, der quirlige Pike Place Market sowie das Chihuly Garden & Glass Museum mit den farbenprächtigen Glaskunstinstallationen des Künstlers Dale Chihuly genießen weltweite Berühmtheit. Wer tiefer in die Smaragdstadt eintauchen möchte, der kommt nach Fremont, Capitol Hill oder West Seattle. So nennen sich einige von Seattles Stadtteilen, die mit historischem Charme, viel Kreativität und einer manchmal eigenwilligen Atmosphäre punkten.

Lässig und divers: Capitol Hill

Capitol Hill, östlich des Stadtzentrums, sprüht vor Energie und Vielfalt. Hier treffen gemütliche Cafés – wie das Overcast Coffee und das Oddfellows Café – auf stylische Boutiquen und LGBTQ+ Bars. Wer bummeln möchte, der stoppt im Marine Layer oder im SUM, das beste Eis wird im Sweet Alchemy serviert und wer gerne die Nacht durchtanzt, der findet sich im Neighbours oder Wildrose unter Gleichgesinnten wieder. Auch Freunde der Kunst und Musik kommen hier nicht zu kurz: Da ist das Seattle Asian Art Museum, der Volunteer Park mit seinem historischen Gewächshaus und dem Dahliengarten. Ende Juni findet in Capitol Hill die jährliche Pride Parade statt und im Juli das Capitol Hill Block Party Festival.

Das Wohnzimmer der Locals: West Seattle

Seattles größtes Stadtviertel ist ein beliebtes Wohn- und Erholungsgebiet. Second-Hand-Shopping, der sonntägliche West Seattle Farmers Market, Grünflächen wie der Hamilton Viewpoint, der Seacrest Park oder der Lincoln Park mit bester Aussicht auf Skyline, Puget Sound oder Olympic Mountains und die Strände entlang der Elliott Bay – wie zum Beispiel Alki Beach – ziehen stets Besucher in die Gegend. Auch Easy Street Records ist hier zuhause. In dem unabhängigen Plattenladen kommen seit seiner Gründung Ende der 1980er Jahre Musikfans, Künstler und Musiker zusammen – nicht selten auch für

Der Alki Beach in West Seattle

Der Frelard Breweries District verbindet Ballard mit seinem Nachbar Fremont: Elf Brauereien sind hier fußläufig erreichbar! Die bekannteste Sehenswürdigkeit in Fremont – und Symbol für die hiesige Kunstszene – ist ohne Zweifel der Fremont Troll: eine Skulptur in der Form eines Trolls, der einen Volkswagen-Käfer in seiner Hand hält. Die alten, aber futuristisch anmutenden Industriegebäude des Gas Works Park sind ein beliebtes Ziel für Einheimische und Urlauber gleichermaßen. Auf dem Fremont Sunday Market und in den zahlreichen Vintage-Läden lassen sich Raritäten und schöne Souvenirs erstehen. Wer nicht zu Fuß oder mit der Straßenbahn auf Entdeckungstour gehen möchte, der wagt sich mit einem Kanu oder Stand-Up-Paddleboard auf den Lake Union oder leiht sich

In-Store-Konzerte. Schon die Anreise in diesen Stadtteil ist ein Erlebnis: Mit dem Wassertaxi sind es nur zehn Minuten von der Seattle Waterfront bis in die beliebte Neighborhood.

Fremont, Ballard & das Univiertel: Seattles Norden

Nördlich des Lake Union und der Salmon Bay grenzen Seattles Stadtteile direkt ans Wasser. Ballard hebt sich mit seinem skandinavischen Einschlag in Kultur und Architektur sowie seiner Seefahrertradition von anderen Vierteln ab. Ein Stopp an den Schleusen der Ballard Locks gehört hier genauso dazu wie ein Besuch im Golden Gardens Park mit seinen Wanderwegen, Stränden und fantastischen Ausblicken.

Seattle zählt zahlreiche Brauereien.

einen Roller im University District. Place to be von Mitte März bis Anfang April ist die University of Washington Quad, denn dann verwandelt sich der Campus in ein Meer aus Kirschblüten. Burke Museum und Henry Art Gallery begeistern Kunst- und Kulturinteressierte.

Kunst im Viertel: der Fremont Troll

VISIT
seattle

visitseattle.de

Los Angeles

Ein Städtetrip voller Kontraste

Autor: Jan de Jonge

Ausblick über das Griffith Observatory auf Los Angeles

Los Angeles ist eine Stadt, die polarisiert. Eine Stadt der Extreme – zwischen glamourösen Filmkulissen und ruhigen Oasen, zwischen urbaner Hektik und atemberaubender Natur. Diese Metropole bietet weit mehr als nur den Glanz von Hollywood und die bekannten Strände. Eine abwechslungsreiche Erkundung der Stadt zeigt ihre vielen Facetten und die oft unentdeckten Schätze.

Ein Besuch im Griffith Observatory bietet nicht nur eine Reise durch die Sterne, sondern auch einen unvergleichlichen Blick auf das berühmte Hollywood-Zeichen. Die Wanderung durch den weitläufigen Griffith Park offenbart eindrucksvoll das enge Miteinander von unberührter Natur und urbaner Kulisse. Die klare Luft am Morgen, der weite Blick über die Stadt und das Gefühl, mitten in einer Metropole der Natur so nah zu sein, bleibt in Erinnerung.

Hollywood ist untrennbar mit Los Angeles verbunden. Der Runyon Canyon Park verbindet Natur mit einem Hauch von Glamour. Der Park ist ein beliebter Ort für Stars und Sternchen, die hier ihre Hunde ausführen. Während der Sonnenuntergang die Stadt in warmes Licht taucht, bietet die hügelige Landschaft des Parks beeindruckende Ausblicke auf die Hochhäuser und macht diesen Ort zu einem beliebten Treffpunkt.

Ein weiteres Highlight ist das Getty Center, das Kunst, Architektur und Natur auf beeindruckende Weise vereint. Die weitläufigen Gärten laden zum Verweilen ein, während die Kunstsammlung, die Werke von Van Gogh bis Monet umfasst, kulturelle Inspiration bietet. Auch hier zeigt sich Los Angeles von einer anderen, ruhigeren Seite.

Sonnenuntergang im Runyon Canyon Park

Am Santa Monica Pier beginnt der Übergang in die kalifornische Strandwelt. Ein Spaziergang von hier entlang der Küste nach Venice Beach führt direkt ins Herz der Beach-Kultur. Surfer, Straßenkünstler und Sonnenanbeter prägen das Bild, begleitet vom allgegenwärtigen Rauschen des Pazifiks.

Pitoreske Kanäle am Venice Beach

Der Echo Park Lake, obwohl bei Touristen weniger bekannt, zieht viele junge Menschen aus L.A. an, die hier in der Sonne entspannen oder die lebendigen Nachbarschaften erkunden. Die etwas kitschigen Schwan-Tretboote verleihen dem Ort eine charmante und besondere Atmosphäre. Die Umgebung lädt mit zahlreichen kleinen Cafés und Restaurants zum Verweilen ein, bevor der Spaziergang im nahegelegenen Elysian Park fortgesetzt wird. Ein Picknick unter Palmen rundet jeden Tag ab und bietet einen perfekten Kontrast zur ansonsten allgegenwärtigen städtischen Hektik.

Los Angeles wäre nicht vollständig ohne seine Themenparks. Die Universal Studios und Disneyland gehören für viele Besucher zum Pflichtprogramm. Diese Parks bieten nicht nur Spaß für die ganze Familie, sondern auch einen faszinierenden Einblick in die Welt des Films und der Unterhaltung, die Los Angeles weltweit berühmt gemacht hat. Ein Besuch hier oder die Teilnahme an einer der zahlreichen Studio-Touren lässt die Magie lebendig werden, die diese Stadt seit Jahrzehnten prägt.

Kalifornische Strandimpressionen ...

Für alle, die die urbanen Grenzen von Los Angeles hinter sich lassen möchten, bietet sich ein Ausflug in den Angeles National Forest an. Die Fahrt entlang des Angel's Crest Scenic Byway oder der San Gabriel Canyon Road führt durch atemberaubende Landschaften. Ein besonderer Tipp ist das Cosmic Café auf dem Mount Wilson, das bei gutem Wetter eine herrliche Aussicht auf die umliegende Natur und die Stadt bietet. Zwar hat das Café nur unregelmäßig geöffnet, doch unabhängig davon lohnt sich ein Besuch. Zusammen mit dem nahegelegenen Mount Wilson Observatory entsteht ein eindrucksvoller Tagesausflug, der die überwältigende Natur und Ruhe der Metropolregion Los Angeles in den Vordergrund stellt. Nicht nur hier wird deutlich: Los Angeles ist weit mehr als Hektik und Staus.

... und atemberaubende Küstenlandschaften

Grapevine, Texas

Small Town Pearl im Texas Hill Country

Grapevine City Hall

Traubenstampfen beim alljährlichen Grapefest im September

Grapevine Historic Main Street

O bwohl der größte Bundesstaat der USA für Cowboys und Rodeo berühmt ist, bietet der Lone Star State überraschende Kleinstädte, die zweifellos große Reisemomente garantieren. Eine davon liegt im nördlichen Texas Hill Country, je 25 Minuten zwischen Dallas und Fort Worth gelegen. Vom Dallas Fort Worth International Airport (DFW) sind es knapp 15 Minuten bis zu ihrer Downtown – die Rede ist von Grapevine.

Die Kleinstadt wurde 1844 gegründet – die ersten Siedler benannten Grapevine, damals Grape Vine Springs, nach den wilden Weinreben, die den Ort umgaben. Auch heutzutage wird Wein geliebt und gefeiert: Acht Winery Tasting Rooms stehen Genussmenschen zur Auswahl, gefolgt vom Event-Highlight GrapeFest jährlich im September oder dem Urban Wine Trail.

Das Herz der rund 51.000 Einwohner großen Stadt schlägt auf der Historic Main Street, die mit über 80 Cafés, Restaurants und Boutiquen gesäumt ist. Eyecatcher sind die restaurierten historischen Gebäude – Sinnbild für wohliges American Way of Life Feeling. Vom knapp 38 Meter hohen Observation Tower bietet sich ein hervorragender Panoramablick auf die Stadt, die Skyline von Dallas sowie das umliegende Texas Hill Country. Absolutes Must-Do ist eine Fahrt in der Grapevine Vintage Railroad, mit ihren Wagen aus der Ära der 1920er Jahre, vorbei an malerischen und historischen Landschaften. Am Wochenende lohnt besonders eine Fahrt zu den Ft. Worth Stockyards, die das Erlebnis authentisch abrundet. Und wer Aktivsein im Urlaub bevorzugt, dem ist Wassersport auf dem Lake Grapevine ans Herz zu legen. Darüber hinaus steht ein 40 Kilometer langes Trail-Netz zum Wandern und Radfahren zur Verfügung.

Grapevine ist „The official Christmas Capital of Texas".

Mit der Grapvine Vintage Railroad zu den Ft. Worth Stock Yards

Und für alle Fans von USA Christmas Shopping: Grapevine ist zu Recht „Christmas Capital of Texas". Über 1.400 Events begeistern zwischen November und Januar. Wie wär's beispielsweise mit einem besonderen DIY-Geschenk beim Glasblasen in der Vetro Glassblowing Studio & Gallery? Haben wir auch schon das Tax-Free Shopping in Texas erwähnt? Merry Everything in Grapevine!

grapevinetexasusa.com
Unterstützung bei der Reiseplanung gibt es hier:
grapevine@harwardt-marketing.com

Grapevine's The Real Unreal „Meow Wolf"

Damit nicht nur Groß sondern auch Klein in Grapevine auf ihre Kosten kommen, werden Familien in der Grapevine Mills – der größten Outlet Mall in Nord-Texas – fündig. Dort befinden sich u.a. eines von insgesamt vier in den USA existierenden Meow Wolf, ein SEA LIFE Aquarium, ein Peppa Pig World of Play & LEGOLAND Discovery Center, der zweitgrößte Bass Pro Shop in den USA, Escape Rooms, Arcade-Spielhallen, Themenrestaurants und vieles mehr.

San Francisco
Tour durch den Sommer der Liebe

Autorin: Marion Renk-Rosenthal

Die Piedmont Boutique mit den berühmten Beinen

Groovy, Man! Der Sommer der Liebe, Flower Power und die Hippiekultur 1967/68 in San Francisco hatten einen so enormen Einfluss auf Zeitgeschichte, Kultur und Politik des 20. Jahrhunderts, dass die Straßenkreuzung Haight und Ashbury, wo diese kurze Zeit des friedlichen Aufstandes stattfand, im National Trust For Historic Preservation als nationales Kulturerbe eingetragen ist.

Im Sommer 1967 protestierten amerikanische Jugendliche gegen den Vietnamkrieg. Die „Counter Culture" wollte mit den streng konservativen Normen der Nachkriegsgeneration nichts zu tun haben. Die neue Bewegung fand ein Zentrum im liberalen San Francisco. Die Beatnik-Szene um Jack Kerouac und Allen Ginsberg in North Beach war schon in voller Blüte. Junge Aussteiger und Musiker wie Janis Joplin zogen von North Beach ins jüngere Haight Ashbury. Grateful Dead, Jimi Hendrix und Mitglieder der Band Jefferson Airplane waren hier ansässig. Auch der Motorradclub Hell's Angels mischte mit. Innerhalb kurzer Zeit war das kleine Stadtviertel beim Golden Gate Park das Zentrum der neuen Bewegung: freie Liebe, Flower Power, kostenlose spontane Konzerte der jungen Musiker im Panhandle Park – es war immer etwas los.

Die Medien berichteten: Hunter S. Thompson taufte in einem Artikel für die New York Times das Viertel aufgrund des offenen Drogenkonsums kurzerhand in „Hashbury" um. Bald danach kamen 100.000 junge Menschen aus aller Welt hier an, um an der Gründung der Kultur des Kommunenlebens, am freien Drogenkonsum und an freier Liebe teilzuhaben.

Heutzutage sind hier die Wohnungen sehr teuer. Aber „Hashbury" ist immer noch trendy und hip. Die Boutiquen sind bunt und bieten die neuesten Modetrends. Die Lebensmittel-Coops der 1960er-Jahre sind weiterhin erfolgreich, obwohl neue Bioläden ihnen Konkurrenz machen. In Upper Haight bieten schicke Cafés und Restaurants angesagte Küche, Farm to Table.

Mitglieder der San Francisco Heritage Organisation erkämpften die Erhaltung des Doolan-Larson Gebäudes, 557 Ashbury Street, in dem in den 1960er-Jahren die erste Hippieboutique, das Mnasidika, untergebracht war. Peggy Caserta, eine gute Freundin von Janis Joplin, war Inhaberin der Boutique und soll Jimi Hendrix zu seinem Look – bestickte Samtwesten und

Kalifornien: 50 Tipps abseits der ausgetretenen Pfade
Marion Renk-Rosenthal
360° medien, 2. Auflage 2024
Taschenbuch, 256 Seiten
Preis: 16,95 EUR
ISBN: 978-3-96855-279-8

Hippieboutique

14

Schlaghosenjeans – verholfen haben. Auch die Band Grateful Dead liebte den Laden und ließ sich hier häufig fotografieren. Das

alte Hippieviertel ist sehr leicht zu Fuß zu erforschen. Freier Drogenkonsum findet immer noch statt. Marihuana ist in Kalifornien legal und man riecht es.

LAGE

Das Zentrum der Hippiekultur 1967/68 lag in Haight-Ashbury und dem östlichen Teil des Golden Gate Park. Mittelpunkt ist die Kreuzung Haight und Ashbury Street.

ANFAHRT

Buslinie 7 und der NBUS in Richtung Ocean Beach verbinden Union Square im Zentrum mit Haight Ashbury.

UNTERKUNFT

Herb'n Inn: Bed and Breakfast, das auch das Psychedelic History Museum behaust. Pam Brennan ist die Besitzerin, sie und ihr Bruder Bruce leiten auch die Haight Ashbury Flower Power Walking Tour; 525 Ashbury Street, San Francisco, CA 94117, Tel. +1 415 553 8542, *herbninn.com*

WEBSITES

• *sftravel.com/explore/neighborhoods/haight-ashbury*
• Straßenkarte der Locations: *goo.gl/maps/xfyyqjACJ1HZceq77*

HINWEIS

Im Buena Vista Park und Golden Gate Park's Hippie Hill haben sich viele Obdachlose ihr Zuhause geschaffen.

Folgende Adressen sind von besonderer Bedeutung:
• **710 Ashbury Street:** Grateful Dead Haus
• **719 Ashbury Street:** Hauptquartier der San Francisco Hell's Angels
• **635 Ashbury Street:** Janis Joplins Wohnung im ersten Stock
• **557 Ashbury Street:** Doolan-Larson Building; heute mit Boutiquen im Erdgeschoss und Wohnungen in den oberen Etagen
• **525 Ashbury Street:** Herb'n Inn Bed and Breakfast
• **1524 Haight Street:** Jimi Hendrix' Wohnung in dem heute knallrot angemalten Haus
• **1665 Haight Street:** legendäres Red Victorian Bed and Breakfast Peace Center
• **1855 Haight Street:** Amoeba Music, legendärer Plattenladen, bekannt für Mini-Konzerte berühmter Musiker, umfangreiche Vinyl Kollektion, Sammlerobjekte und mehr
• **Hippie Hill im Golden Gate Park:** zieht immer noch viele Straßenmusikanten und Marihuana-Anhänger an. Spontane Trommelkreise und Tänze finden statt.